DISCURSO PRELIMINAR.

EN la Memoria : *Gloria de las Ciencias y Artes de España* se ha demostrado la antiguedad, perfeccion y estado de sus nobles Artes, y ofrecido dar otras sobre las demas del Reyno. Parece que debia decirse algo de las semi-Artes, como son la Agricultura, la Navegacion, el Comercio, pero de estas se ha escrito ya bastantemente.

A consequencia, habiendo examinado y reflexionado atentamente que ramo de industria nacional se hallaba en mayor decadencia, y necesitaba de mas pronta instruccion; ha parecido que ninguno como la Alfarería,

MEMORIA

SOBRE

LA ALFARERIA

O ARTE DE PETRIFICAR

LAS SUBSTANCIAS TERREAS FUSIBLES Y NO
FUSIBLES , PARA RESTAURARLA Y PERFEC-
CIONARLA EN ESPAÑA , AL MODO QUE LO
ESTUVO EN SAGUNTO EN TIEMPO
DE LOS GRIEGOS Y ROMANOS,

POR

IGNACIO VIAPLANA.

(Seguida de
CERÁMICA
Biblioteca del Hispano Americano.
Barcelona. Montaner y Simón. 1887.)

BARCELONA.

Por Francisco Suriá y Burgada,
Impresor de S. M.

© de la presente edición
del 2026:

Editorial Gráficas Maxtor
Fray Luis de León, 20
47002 Valladolid (España)
+34 983 090 110
info@graficasmaxtor.es
www.graficasmaxtor.es

I.S.B.N. 978-84-1171-145-6
depósito legal: DL VA 168-2026

ya por lo necesario y util
que es á la Nacion, ya por
no haberse tratado hasta hoy
cientificamente, y tambien
por la mayor relacion y de-
pendencia que tiene de aque-
llas nobles Artes.

La Alfareria se funda en
las Ciencias naturales y Artes practicas; conviene saber,
en la Fisica, en la Historia
natural, en la Mineralogia,
en la Metalurgica, en la Geo-
logia, en la Lithologia y buena Quimica del Reyno : en

la Escultura, en la Pintura, en el Arte de tornear y per-filar, en el Grabado, y especialmente en el Dibuxo. De aqui se concluye, que para restaurar y perfeccionar esta manufactura, es indispensable el establecimiento de Escuelas, y la formacion de las obras necesarias para la enseñanza; unico medio de llegar á la perfeccion.

Como el espiritu de esta Memoria se reduce á facilitar todos los conocimientos utiles

á sus Profesores, se presentará
un Plan de Alfareria, donde se
demostrará las causas y motivos de su formacion; los
requisitos necesarios; la necesidad de enseñanza publica
por reglas y principios cien-
tificos; el metodo de enseñarla y aprenderla; las obras
de instruccion para cursarla;
el sistema teorico de buena
Alfareria; el metodo practi-
co, y el mecanismo de to-
das sus operaciones; la formacion de una Escuela publica

de Teorica y Practica; los medios de su estabilidad; la mas
ventajosa situacion donde debe establecerse, y la utilidad
que produciria al Reyno su
enseñanza, siendo como se
propondrá en el Plan.

La Alfareria, Arte de primera necesidad, nació con los hombres, y se perficionó en Egipto, pasó despues á Grecia donde se consumó ; con efecto se conservan excelentes obras de barro en Atenas, en Corinto, en Samnia , en Pergamo , y en la Isla de Coo. Asi creció alli el Arte d e tal

modo, que no se hacia obra
alguna sin formar modelo de
barro. Egipto y Grecia nos
subministran los primeros modelos de Alfareria, y como
todo modelo nunca pasa del
original á la copia sin perder
notablemente de su merito,
es necesario acudir á estas
fuentes para aprenderla con
perfeccion.

La Nacion Griega conser-
va aun en el dia de hoy el
privilegio de darnos la ley en
las cosas de gusto, y de ser
la maestra general del mundo: Quantas obras magnificas
hoy se hacen, no son mas
que un remedo de sus ideas,

de sus bellezas, de su natu-
ralidad, obra toda de su
grande conocimiento.

Sabese, que ya en aquellos
remotisimos tiempos se la-
braban vasos de tierra y piedra hasta para enterrarse; efec-
tivamente Marco Varron lo
executó al modo pitagorico
entre hojas de arrayan, de oli-
vo y alamo negro en un ataud
ricamente labrado.

La Alfareria Griega, al
modo que todas las demas Artes, se comunicó despues á
Roma : los Romanos, siempre
imitadores de los Griegos, co-
piaron la mayor parte de sus
Artes sobre los modelos de

aquellos sabios, como lo exigian las circunstancias de aquella Nacion, y con el tiempo este Arte se ennobleció sobre manera con el poder de su imperio.

En efecto sus Emperadores, igualmente que los ricos y poderosos de aquel imperio, estimaban tanto la Plasta y la Alfareria, que consumian gran parte de su caudal en obras de tierra. Los mas principales y delicados adornos de las casas y palacios eran obras finas, ricas, de gusto y muy costosas, de modo que llegó á tanto el luxo de las obras de barro en aquella Capital del mundo, que costaban mas que las de oro.

En fin fue tan estimada la Alfareria entre los Romanos, que desde el principio la distinguieron de las demas Artes. El gran Numa Pompilio creó el septimo orden de Alfareros; todos los ramos de este bello arte florecieron con mucho primor en Roma; entonces sus Profesores consiguieron muchos honores y prerogativas: el celebre Alfarero Aristhtris se ennobleció con las insignias del mismo Arte; es decir, con las ruedas, la caña y demas instrumentos de su profesion.

La brevedad de una Memoria no permite lo mucho que pudiera decirse de este Arte contraido á la China y demas Provincias del Oriente ; qué delicadeza no se advierte en sus obras de porcelana , su metodo de operar, sus reglamentos , su policia , sus Tribunales , sus Magistrados Artesanos , su economia , su comercio , todo respira un conocimiento el mas completo de este ramo de industria , y hace ver el alto grado de que es capaz dirigido por reglas y principios. Sabese que las porcelanas empezaron á conocerse en Europa quatro cientos años antes de Christo, desde cuyo tiempo se trabaja incesantemente para hacerlas como ellos.

La Alfareria se fomentó y floreció en España en tiempo de los Griegos, y en especial en el de los Romanos en Sagunto (*) y en Tarragona. Los vasos Saguntinos fueron y han sido siempre famosos; tambien sus sellos, sus dibuxos, sus pinturas, su comercio, prueba del grande progreso que hizo esta manufactura, y de la superior habilidad de sus operarios. No de-

*

_____

· (*) Hoy Murviedro, Villa á quatro leguas de la Ciudad de Valencia.

bo pasar en silencio su mag-
nifico teatro, la coleccion y
coordinacion de vasos de tierra que los Griegos usaron en
el mismo para el sonido y
percepcion clara y suave de
la voz de los Actores.

Despues de esta famosa fabrica, la mas celebre es la de
Manises (*), que se tiene por
hija de las de Sagunto. Lo
cierto es que llegó á ser tan
celebrada, que sus obras se
enviaban á Roma, y en Es-
paña servian para uso de los
Soberanos, y de los sugetos
de primer rango. Tampoco ha

_____

(*) Villa á una legua de la Ciudad de
Valencia.

faltado quien la da el nombre de inmemorial y famosisima por el color de sus vidriados y azulejos.

Es verdad que baxo la dominacion de los Mahometanos se fomentó tambien esta fabrica; pero nunca floreció tanto como las de Sagunto. Brilló igualmente la Alfareria en las antiguas Algeciras, en Cordoba, en Sevilla, en Granada, en Toledo, y en otras Ciudades. Esta industria ha padecido sus vicisitudes, como todas las demas que nacen y se conservan á la sombra de la paz; pues es de creer que una Nacion que constituye

su gloria en las conquistas,
y cuyo caracter era la guer-
ra, no miraria mucho á su
mayor fomento. Mas esto sin
embargo un genio meditador
se confunde al ver, que en
los siglos ilustrados se des-
cuidase de una manufactura,
que dirigida por reglas y principios seria la riqueza de un
Pais.

El exemplo de Saxonia es
una prueba bien convincente
de esta verdad, sus porcelanas y demas vasos, si han llegado al colmo de perfeccion
en que al presente se hallan,
se debe á sus Escuelas, á la
direccion de sus habiles Maes-

tros, á sus reglamentos, y á sus leyes constantes : lo mismo en Alemania, en Francia, en Italia, y en particular en Roma, en Holanda, en Rusia, en Prusia, en Inglaterra.

Esta Nacion se propone adelantar esta industria, fixa la consideracion, no en establecer fabricas de porcelana como las de China, sino en hacer una loza media, de gusto, de conveniencia y de decencia para toda clase de gentes; y á este fin se vale de los mismos medios que Saxonia; es decir, establece Escuelas publicas, pone Maestros habiles, forma reglamen-

tos y leyes constantes; y he
aqui realizada una empresa,
que en los principios parecia
no solo ardua y dificultosa,
sino imposible de conseguir,
y hoy forma un ramo de comercio que atrae muchas ri-
quezas á la gran Bretaña. A
este punto llegan las Artes
quando se enseñan, apren-
den y exercen cientificamente.

No obstante España tiene
tambien un monumento, que
no cede al mas adelantado de
la Europa, y que merece un
lugar distinguido en la historia
artesana; esto es la Real Fabrica de China del Retiro, es-
tablecida y mantenida á ex-

pensas de nuestros Soberanos, que siempre celosos de la mayor instruccion de sus vasallos, no han reparado en expender sumas considerables para ponerla en el estado que al presente se halla.

La celebre Fabrica de Alcora (*) del Excelentisimo Señor Conde de Aranda nos presenta otro monumento de industria, que en su clase es comparable con el mas brillante de Europa; mas como sus conocimientos no han podido hacerse extensivos al resto de la Nacion, carece de

_____

(*) Villa del Reyno de Valencia.

ellos, y esta manufactura se
ve en la actualidad en la mayor decadencia; se carece de
platos, fuentes, vasos y demas utensilios de tierra para
el servicio de las casas, y si
se logra una vaxilla algo de-
cente, es por sus propiedades
mucho mas cara que la extran-
gera.

Estamos, pues, en el caso
de restaurar una manufactura
tan interesante al Estado, y
el unico medio es, enseñarla,
y aprenderla por reglas y principios; esto no es decir que
todos hayan de saberlos á fondo, porque serian pocos los
que lo conseguirian. Mas sien-

do la Alfareria una ciencia
artesana, en que la Teorica y
la Practica andan unidas con
el mecanismo de sus operaciones; ambas á dos se apren-
den á un tiempo con obras
y demostraciones palpables.

El que sabe que la naturaleza y la ciencia universal es
una, y que la conexion que
hay entre las Ciencias y las
Artes, es casi la misma; sabe
tambien que tales conocimientos son faciles de adquirir baxo un sistema de bien orde-
nada enseñanza; unico medio,
segun tengo dicho, de hacer
renacer esta y demas manufacturas del Reyno; cierta-

mente que entonces serian tanto ó mas sobresalientes que
las del resto del mundo, y se
fomentaria un comercio acti-
vo, que ademas de aumentar
considerablemente la Pobla-
cion, produciria sin la menor
duda sumas inmensas al Estado, como sucede en Inglaterra.

Causa compasion su noto-
ria decadencia : Barcelona en
cuyo Pais se estiman y bri-
llan casi todas las Artes, no
tiene en la actualidad mas que
un aprendiz en el Gremio de
loza blanca ; lo mismo casi
puede decirse de las Fabricas
de obra negra y basta : con

bien corta diferencia en el mismo grado de decadencia puede decirse que se hallan las demas Fabricas del Reyno; esto es la de Talavera, Toledo, Sevilla, Granada, y aun la de Manises de algunos años á esta parte.

Las Artes solo pueden mejorarse con la instruccion de sus reglas y principios, y con el comercio de sus obras, y no con ordenanzas, que lejos de fomentarlas las destruyen: no quiero decir que no necesiten de gobierno, ni que no tengan reglamentos, sí que estos solo se limiten al de unas sabias disposiciones, contrarias á las maximas de las actuales ordenanzas, que casi todas se fundan en exclusivas, que miran como necesarias para conservar un cuerpo de Artesanos, sin reparar que el Pueblo gime sobre esta opresion.

La prohibicion debe recaer solo en aquellos Profesores, que no las saben, mas sabiendolas debe permitirse su exercicio, y dar amplia libertad á los Artistas paraque las practiquen donde mas les convenga, pagando las contribuciones locales, y dexando al Maestro que les instruyó las utilidades correspon-

dientes, en pago de la ciencia artesana que les comunicó.

Permitaseme decir á los Artistas, que se desprendan no
mas que por un momento de
sus preocupaciones, y ten-
drán que confesar en general y en particular que todos
sus progresos los deben á la
instruccion, á la perfeccion
de sus obras, á su comercio,
y no á las ordenanzas de su
respectivo Gremio: conozco
á fondo la necesidad de fo-
mentar y conservar semejan-
tes cuerpos de industria, baxo
aquellos principios, que es
á lo que hoy dia aspiran las

Reales Juntas de Comercio;
por ser este el espiritu de las
leyes del Reyno , y la inten-
cion de nuestro amado Sobe-
rano.

Biblioteca del Diccionario Enciclopédico
Hispano-Americano.

CERAMICA

Editores
Montaner y Simón
Barcelona
1887

CERÁMICA (del gr. κεραμική; de κέραμος, arcilla): f. *Arqueol. y Tecn.* Arte de fabricar objetos con pastas formadas de tierras de diferentes clases, ya para usos domésticos, como la loza, ya para la construcción, como ladrillos y tejas, ya para adorno (jarrones, figuras, etc.), ya para las necesidades de ciertas industrias (tubos, crisoles, retortas, etc.)

Es, por tanto, la Cerámica un arte vastísimo, que comprende desde el ladrillo y la vasija más basta y primitiva, hasta las más artísticas y delicadas obras en porcelana, con preciosos decorados y *delicados trabajos de Escultura.*

Es un arte en que las necesidades y el espíritu artístico de la humanidad se han ido hermanando, marcando perfectamente en sus productos el carácter y estados de civilización de cada época y de cada pueblo. De aquí que la Cerámica, que acompaña al hombre en su vida íntima y en sus actos de ostentación, es el arte que mejor refleja en su desarrollo la historia de los progresos de la humanidad á través de los siglos.

refleja en su desarrollo la historia de los progresos de la humanidad á través de los siglos.

Este artículo, pues, comprenderá: 1.º Historia de la Cerámica y reseña de los diferentes estilos y géneros que en los productos cerámicos se advierten á través de los tiempos y en los distintos pueblos de la tierra; y 2.º La Cerámica desde el punto de vista tecnológico, ó sea, los procedimientos actuales de fabricación.

I La Cerámica como parte de la Arqueología, tiene suma importancia, pues, según nos enseña Jacquemart, entre todos los productos de la industria humana los que mejor permiten seguir á través de las edades los progresos de la inteligencia y dar la medida aproximada de las tendencias del hombre hacia las manifestaciones del Arte, son los productos cerámicos, quizá porque la arcilla es la materia que se ha empleado inconscientemente por los hombres de todos los tiempos para dar forma plástica á sus ideas religiosas y estéticas ó á sus caprichos. El mismo Jacquemart observa que estudiando el trabajo cerámico de los pueblos que aún se hallan en la infancia de la cultura, es muy fácil darse cuenta de la marcha que han seguido los pueblos antiguos; y esta tesis puede comprobarse observando la identidad de procedimientos empleados por los pueblos que aún hoy se hallan en estado salvaje, y los empleados en sus primeros ensayos por los primitivos griegos, etruscos é incas. Además, en la esfera del Arte, con respecto al proceso de la ornamentación, ninguna de las varias industrias artísticas

4

lo ofrece más completo; porque, cosa rára, á pesar de lo frágil de su materia, han llegado hasta nosotros numerosos productos cerámicos de todos los pueblos y de todas las épocas; pues si el lamentable retroceso que sufrieron las artes occidentales en los primeros siglos de la Edad Media puede señalarse como causa de la carencia de productos cerámicos de ese tiempo en las colecciones, no es menos cierto que si estos productos no han llegado hasta nosotros es porque no debieron ser objetos estimables que se transmitieran por herencia á la posteridad, y, por otra parte, que la costumbre pagana de depositar vasos en los sepulcros estaba proscripta por el cristianismo. Sorprende, en efecto, el ver la inmensa cantidad de piezas cerámicas que á través de los siglos han llegado hasta nosotros, á pesar de lo frágil de su materia, cantidad que en algunos casos es bastante superior á la de los productos de las industrias metalúrgicas, cual sucede, por ejemplo, con respecto á las épocas egipcia, asiria, fenicia, griega y etrusca. Pero hay que tener en cuenta la costumbre, universalmente seguida, de fundir los objetos de metal extraños ó anticuados para hacer otros nuevos. De todos modos, la abundancia de piezas cerámicas de la antigüedad, se debe muy principalmente á la costumbre practicada por todos los pueblos de depositarlas junto á los cadáveres en las sepulturas. Es verdad que también solían acompañarlas con las armas y objetos que les fueron usuales en vida á las personas enterradas; pero los vasos

5

y demás piezas cerámicas están en mayoría en las tumbas, porque, consagrados los vasos por la religión, desde tiempos remotos debían transmitir, como dice Ris Paquot, á las generaciones futuras los principales misterios del culto. Fueron los vasos objeto de prácticas funerarias, porque simbolizaban la fragilidad humana, añade el mismo autor, y la presencia de ellos en las tumbas era un homenaje rendido á los muertos. En algunos pueblos, como en Caldea, Babilonia y en el Perú, el ataúd consistía en una tinaja de barro, lo cual supone una costumbre cuyo fundamento estaría en una idea análoga á las indicadas. Con el mismo orden de ideas parece relacionarse el mito egipcio que nos ofrece al dios *Khum* modelando sobre una rueda de alfarero el huevo del universo y el hombre. La Cerámica, como se ve, mereció de los antiguos singular estimación en el orden religioso y en el moral que informan las creencias de los panteísmos primitivos, y sin duda por esto mismo tuvo su fábula, con respecto de sus orígenes. Los griegos, por ejemplo, tenían por inventor de la Cerámica á *Ceramo*, hijo de Ariadna y de Baco, y de él el barrio de Atenas donde vivían los alfareros se llamó *Cerámico*. El docto ceramógrafo, barón de Witto, conjetura que Baco fué tenido por padre de Ceramo, para dar á entender que las vasijas en que se conservaba, y las copas en que se gustaba el néctar báquico, eran de barro. Algunos autores antiguos atribuían la invención de la Cerámica al ateniense Cœrebo, otros al corintio Hiperbio, al ateniense Cœrebo, otros al corintio Hiperbio, y otros, por último, al cretense Talos, sobrino de Dédalo. (V. DÉDALO.)

Lo dicho hasta aquí nos ahorra de encarecer y demostrar la importancia del estudio de la Cerámica en la Arqueología. Este estudio puede hacerse desde diversos puntos de vista, de los cuales los principales son tres, á saber: la manufactura, el arte, y el empleo que daban los antiguos á las piezas cerámicas. Lo referente á la manufactura, ó sea los caracteres técnicos de los productos cerámicos de los distintos pueblos y sucesivas épocas, va en los artículos BARRO COCIDO, BIZCOCHO, GREDA CERÁMICA, LOZA y PORCELANA. Corresponden á este artículo los caracteres artísticos distintivos de los productos cerámicos y el empleo que de los mismos se ha hecho.

Los ceramógrafos han hecho divisiones muy distintas en la historia de la Cerámica. Jacquemart la ha dividido sumariamente en oriental y occidental, y luego procede por orden geográfico, pero atendiendo poco algunas veces á los orígenes de algunas manufacturas. Demmin, ocupándose de ella desde un punto de vista técnico, establece una clasificación metódica por orígenes, según la cual divide la serie de productos en opacos y sin kaolín, que comprende los asiáticos, americanos, africanos y europeos, y translúcidos con y sin kaolín y opacos con kaolín, que comprende las porcelanas asiáticas y las europeas. No ha faltado quien la divida en épocas, contando hasta dieciocho, determinadas por las fechas que marcan los pasos progresivos de tan importante industria; pero esta clasificación es poco exacta y se ajusta mal al orden cronológico de las civilizaciones. En rigor, la historia del arte cerámico puede estudiarse en cuatro grandes agrupaciones, á saber: la antigüedad y juntamente con ella la América precolombiana y los pueblos que aún se hallan en estado salvaje; el extremo Oriente; los árabes, mudéjares y moriscos; el Renacimiento y los tiempos modernos. Estas agrupaciones abrazan todo el proceso histórico, artístico é industrial de la Cerámica, sin romper la tradición que la conservó, llevándola de unos pueblos á otros. Examinemos este proceso por estilos y pueblos.

1.º *Cerámica prehistórica.* – Cuando el hombre prehistórico vió estampada en la tierra húmeda la huella de su paso, dice Jacquemart, tuvo la primera revelación de la industria cerámica, y, con efecto, modeló el vaso y lo puso á endurecer al sol, sin duda porque la experiencia le había enseñado que las huellas de su paso sobre la tierra húmeda las endurecían los rayos solares. Es cuestión muy debatida la época de la manufactura prehistórica de vasos. Los juicios emitidos con respecto á los vasos del período *paleolítico* inspiran dudas é imponen reservas, y los ejemplares cerámicos hallados en las capas superiores de terreno, en las cavernas, se sospecha si habrán sido allí abandonados por poblaciones de época posterior. Los ejemplares que más abundan proceden de cavernas y grutas del periodo *neolítico* ó de la piedra pulimentada y de los *dólmenes* y *palafitos*. Esta Cerámica, anterior al torno y al horno, es de barro grosero, del mismo color sucio de la tierra ó negro, que es lo más frecuente, y rara vez rojizo. Consiste en vasos en forma de olla ovoide, de cuenco ó tazón hemisférico, y de copa, semejante á los cálices griegos y etruscos. Por lo común estos vasos carecen de ornamentación y son lisos; pero en algunas piezas se ven en un lado, junto al asa ó en el cuello, un trazado geométrico en zig-zag, en cuadrícula, ó de otro dibujo semejante, hecho sin duda con punzón cuando el vaso estuviera fresco; son los primeros esbozos de la ornamentación cerámica, que, perfeccionándose, llegó á decorar con zonas de grecas, de picos, etc., los anchos cuellos de las vasijas que corresponden á los últimos tiempos del prehistorismo. Se ha observado que los vasos descubiertos en *dólmenes* y otras sepulturas coetáneas á éstos estaban colocados de un modo particular, en hilera, algo espaciados, paralelos á los esqueletos yacentes, y en sepulturas del Mediodía de España ha sido de notar que entre un esqueleto de hombre y otro de mujer había una hilera de copas. Esta colocación debió obedecer á un rito religioso.

2.º *Cerámica oriental.* — Comprende los vasos egipcios, caldeos, asirios, fenicios, chipriotas y griegos primitivos, cuyo estilo tiene por característica los ornatos geométricos, tales como rayas paralelas, zig-zags, ondulaciones, ajedreza-dos, bandas, etc., pintados con tintas pardas, rojas y amarillas, que vienen á ser el perfeccio-namiento de la ornamentación rudimentaria de la Cerámica prehistórica. La figura humana sólo aparece por excepción, y dibujada de un modo imperfecto y bárbaro, en los vasos chipriotas y griegos. En cuanto á las formas de los vasos, predomina la ovoide sobre la esférica, y suele darse la cilíndrica. Por lo común estos vasos son pequeños y vulgares, sin que puedan señalarse, fuera de algunos chipriotas, vasos decorativos. Los productos existentes proceden de las tum-bas, y su presencia en ellas se explica por la costumbre de ofrendar manjares y bebidas diver-sas junto á los difuntos. En algunos vasos egip-cios se han hallado panes.

Pero no es en los vasos donde deben buscarse las manifestaciones verdaderamente artísticas de la Cerámica oriental, sino en los azulejos deco-rativos de Nínive, de Babilonia y de Susa (Véa-se AZULEJO), y en las figuras moldeadas y mo-deladas. Las figuras egipcias, que se distinguen por su barniz azul verdoso, consisten en efigies funerarias y en amuletos ó adornos indumen-tarios que con extraordinaria profusión se han hallado en las tumbas, en los sarcófagos, y re-vistiendo á las momias. Las figuras caldeas y asirias no llevan esmalte, y, al contrario que en las egipcias, se advierte en ellas gran liber-tad de modelado. Es decir, que en las figuras egipcias, esmaltadas como están, tienen todo

10

el aspecto de figuras de piedra ó mármol pulimentado, y en las caldeas y asirias hay perfecta consonancia entre la ejecución acentuada y la materia. Este paso dado en la plástica supo aprovecharle Grecia por conducto de los fenicios. Estos aprendieron el arte cerámico de los egipcios y de los asirios. Pero los productos fenicios, primeramente de estilo asirio, luego de estilo egipcio, y por último griego arcaico, son imitaciones faltas de originalidad, cuando no falsificaciones. Nos referimos á las figurillas de barro, de las cuales las de estilo egipcio están cubiertas de esmalte azul verdoso como las originales de Egipto, y consisten en amuletos é imágenes de divinidades. La industria chipriota es más importante y artística. En la plástica llegó á producir figuras de tamaño natural y sarcófagos antropoides, y por lo que hace á los vasos, marcan un gran progreso, pues vienen á ofrecer el último grado de adelanto, por decirlo así, de la ornamentación geométrica, y en el proceso histórico sirven de nexo entre el arte cerámico egipcio y oriental, y el arte cerámico griego.

3.º *Cerámica clásica.* – La Cerámica griega es la más importante de todas las de la antigüedad.

Nada más artístico, en efecto, que los hermosos vasos pintados que, por haberse hallado en su mayor parte en las tumbas de Toscana, tuviéronlos por *etruscos* los sabios del pasado siglo, hasta Wínkelmann que fué quien primeramente reconoció su origen griego. Su mismo mérito explica la circunstancia de haberse hallado mayor número de ellos en Italia que en Grecia, pues productos tan preciosos fueron objeto de exportación, y por eso se han descubierto hasta en Egipto y en el Mediodía de Francia. Los vasos pintados se clasifican en tres grupos, á saber: vasos de antiguo estilo; vasos con pinturas negras, y vasos con figuras rojas. Al primer grupo pertenecen en primer término los vasos de Santorin, de las Cícladas, de Micenas, de Egina, del Atica y de Milo, á cuyas manufacturas se asigna una antigüedad tan remota como los siglos XVIII ó XX hasta los siglos VIII ó VII antes de J. C. La ornamentación de estos vasos, aún geométrica, de evidente afinidad con la fenicia, en términos que los vasos de las Cícladas se han clasificado como fenicios, viene á ser en el proceso histórico de los vasos la última etapa del largo período de su infancia, en el cual sólo se nos manifiestan los rudimentos, las tentativas, en ejemplares que muchas veces no se diferencian de los productos de los pueblos salvajes. En los vasos del Atica, que se suponen anteriores al siglo X, aparecen ya figuras humanas: procesiones de personajes, guerreros marchando en sus carros y escenas fúnebres, son los asuntos más frecuentes. También pertenecen al grupo de vasos de antiguo estilo los llamados corintios, producidos en los siglos VII y VI, que por la severidad de sus formas y por sus pinturas semiarcaicas, forman la transición entre los productos vulgares ó sencillos de la cerámica primitiva y oriental, y la cerámica clásica occidental. En los vasos corintios, el influjo artístico, venido de Oriente, inspiró misteriosas series de cuadrúpedos, aves ó seres quiméricos, y aun de figuras humanas, que recuerdan los bajos relieves asirios, pintadas con tono pardo sobre el fondo amarillento del vaso, y perfiladas á punzón.

Tan singulares pinturas, según supone el sabio anticuario Longperier, estaban copiadas de los tapices ó tejidos ornamentales de colores.

En estos vasos aparecen también zonas con figuras, representando pasajes diversos del poema homérico, inscripciones y firmas de pintores como Carés y Timonidas. El segundo grupo, el de vasos con pinturas negras sobre fondos rojos, nos ofrece hermosas *ánforas, hidrias, cálices,* etc., de correcta severidad de formas é interesantes pinturas, representando pasajes de las leyendas heroicas.

La figura humana empezó á perder la quietud misteriosa, y acaso simbólica, que tuvo por razón de su origen oriental; tomó vigor, decisión y carácter; los músculos se acentuaron, la cabeza adquirió importancia, y la indumentaria y accesorios esmero y exactitud. Como dice con gran propiedad el duque de Luynes, el pintor ceramista no acertó muchas veces á presentar su pensamiento íntegro; no usó del recurso de los retoques, ni de las posturas arrogantes; fué sencillo hasta lo ridículo y vigoroso hasta la caricatura; inspirado solamente en la naturaleza, sin tipo de escuela de que servirse, pintó lo que creyó ver. El arte, con más espíritu que belleza, empezaba á trazar las líneas, aunque exageradas, atrevidas, que habían de dulcificarse más tarde con el perfeccionamiento del gusto y el sentimiento de la forma.

Tal fué el arcaísmo, cuya existencia se supone de poco más de un siglo, ó sea de 490 á 340 próximamente. Fuera de las noticias que nos han transmitido los textos de Plinio, no tenemos más elementos para juzgar este período de la pintura que los vasos; en ellos, imitando á Cimón y Polygnoto, trazaron maravillosas composiciones Timagoras, Clitias, Amasis y otros artistas tan renombrados como los alfareros Nicostenes, Hermógenes, Ergotinos y Tleson.

El tercero y último grupo de vasos griegos es el de vasos con figuras rojas sobre fondo negro; corresponde al estilo severo ó bello, es decir, a la buena época del arte. Son *ánforas, hidrias, cálices, œnocoes, cráteras y oxibafones* de formas elegantes y graciosas, que suelen llevar las firmas de Andoquides, Eufronios, Josias, Brygos, Panfayos, Macrón, Hierón, etc. Los asuntos son por lo general mitológicos, abundando los de la fábula de Baco, y también asuntos familiares.

Parecerá á primera vista que estas agrupaciones, según el color de las figuras que decoran los vasos, obedecen, á rutina, empirismo ó arbitrariedad; nada de esto. El estilo arcaico, exagerando el natural, ofrece un contraste violento; las figuras negras se destacan sobre el fondo rojo de un modo acentuado y duro; pero, refinado el gusto, unidas en dulce consorcio la expresión y la forma, búscase sensación más delicada haciendo destacar las figuras rojas sobre el fondo negro. Lo que cambia no es el procedimiento ó la moda; es el arte. Según las sabias observaciones de Luynes, hay una ley progresiva que se ha ejercido en todos los pueblos: la pintura comenzó por la sombra, la silueta, el perfil calcado fielmente, tal como la luz interceptada dibuja las figuras sobre los cuerpos iluminados.

A este grupo debe agregarse el de los *vasos blancos*, llamados *lekitos* ateniense, que son coetáneos de los vasos con figuras rojas, es decir, del siglo IV. Su exornación consiste en figuras correctamente dibujadas á pincel con tinta bistre (V. LEKITOS). Por último, son de citar las imitaciones italo-griegas de vasos de figuras rojas que corresponden á la decadencia del arte. Con respecto al empleo, nomenclatura, asuntos mitológicos y otros pormenores, V. VASOS GRIEGOS.

Los griegos sobresalieron también en la plástica, que se ejercitó en la producción de figuras, en un principio de idolillos, para satisfacer las exigencias de la devoción popular, y más tarde, después de las guerras médicas, en tipos de género, principalmente figuras de mujer, que depositaban en las tumbas, colocando tres dentro, una de ellas á la izquierda de la cabeza del difunto y otra al alcance de su mano, y sobre la tapa del sepulcro una serie hasta de veinte;

15

otras figuras servían de ex-votos. Estas figuras se clasifican por estilos: primitivo, arcaico, severo y bello; entre ellas suelen verse ejemplares modelados con gracia y expresión, y algunas conservan restos de haber estado pintadas de diversos colores y doradas.

En Italia la Cerámica cuenta bastante antigüedad, y su proceso histórico se asemeja al de la Cerámica griega. Primeramente los antiguos pobladores del país fabricaron vasos negros con adornos geométricos incisos, de carácter rudimentario, cuyo prototipo son las urnas cinerarias de *Villanova*, y vasos de otros géneros y colores, que no obedecen á un sistema de estilo ni de manufactura, y son poco importantes. El arte Cerámica fué importado por los griegos á Etruria, donde la nueva producción se manifestó con caracteres peculiares. La característica de la Cerámica etrusca es la tendencia escultórica ó plástica que se manifiesta no sólo en los relieves que decoran los vasos, sino en sus asas, adornos y aun formas de figuras animadas que suelen afectar, asemejándose en esto y en el estilo á los vasos americanos. La manufactura más original de Etruria es la del búcaro negro con que se trataba de imitar los vasos de metal. Nada diremos de las imitaciones etruscas de los vasos griegos. La plástica se manifestó muy naturalista. La Cerámica romana sólo nos ofrece formas graciosas de los productos ordinarios, una copia débil de lo griego en la plástica, y una continuación de los bú-

caros etruscos, pero rojos y con relieves ornamentales sencillos, en los vasos italianos de
Arezzo, galo-romanos y saguntinos de España.

4.° *Cerámica del Asia oriental.* — Exigencias históricas y cronológicas nos obligan, antes
de pasar adelante, á fijarnos en los productos cerámicos del extremo Oriente. Se sabe, por docu-
mentos auténticos, que los chinos cultivan la
alfarería desde el año 1700 a. de J. C. En un
principio sólo producían vasos de barro sin valor
artístico; bajo la dinastía Han, hacia el año 180
a. de J. C., comenzaron á hacer *vasos brillantes
de color azul* para el emperador, y en fin, hacia
mediados del siglo IX los alfareros de Ta-i in-
ventaron la porcelana. En cuanto al Japón también su Cerámica cuenta remota antigüedad. Los
productos coreanos de Shiraki, de Kudara y de
Komasirvieron de primeros modelosá las producciones indígenas, producciones que por el carácter bárbaro que conservaron durante muchos siglos los compara Gonse con las alfarerías arcaicas
de la Troade ó de Méjico. En el siglo V había al-
fares en diversas provincias; en el siglo VII vino
de la Corea un sacerdote budista llamado Ghio-
ghi, que pasa por haber sido el inventor del torno, el cual ejerció una influencia directa en esta
industria, y, por último, en el siglo IX aprendieron los japoneses á esmaltar, y desde esa fecha la
China influye á su vez en el Japón. Todo esto es
en cuanto al barro. La porcelana data del siglo
XIII. La característica de la cerámica china y
japonesaes la brillantez de los esmaltes y la in-

comparable combinación de vivísimos colores, al contrario de la contraposición severa de los colores negro y rojo que caracteriza á los vasos griegos. Toda la Cerámica de la antigüedad puede considerarse como de una escuela en que predomina el dibujo sobre el color, la corrección de líneas en ornatos y formas, sobre el mágico efecto de la combinación de colores. Por el contrario, la cerámica del extremo Oriente es esencialmente colorista.

La ornamentación de los vasos chinos y japoneses está inspirada en la flora y la fauna del país, que ellos interpretaban é interpretan con tanta originalidad como espíritu decorativo, y al propio tiempo con un realismo singular. Flores, aves, peces, figuras, meandros, etc., cuando no composiciones representando pasajes mitológicos ó legendarios. Las flores abundan; á este propósito observa Paleólogo, que esas exornaciones prueban el gusto particular de los chinos por las flores, que para ellos tienen especial poesía. Muchas personas confunden los vasos chinos con los japoneses; no es de este lugar la indicación de las diferencias artísticas, que estriban principalmente en la superior inspiración y depurado gusto de los japoneses. Los chinos, dice Gonze, son *porcelaneros* por excelencia; los japoneses alfareros sin rival; y mientras los primeros conceden tal importancia á la decoración de sus vasos que no aprecian la bondad de las materias ni el esmero en la ejecución, los segundos se cuidan y pre-

ocupan de la concepción pintoresca y del partido
que pueden sacar del esplendor, transparencia
y vivacidad de los colores esmaltados.

Según queda indicado, la industria cerámica
cuenta en la Corea remota antigüedad, pero sólo
se conservan piezas de porcelana pintada, que es
la producción menos antigua en el extremo
Oriente. Sus caracteres artísticos responden á la
doble influencia que la China y el Japón han
ejercido en este país, cuyas porcelanas, por esto
mismo, se han confundido con las del Japón.

La India ofrece una repetición de los hechos
hasta aquí consignados: las piezas más antiguas de
su cerámica son las urnas cinerarias de los *topos*
ó tumbas de los siglos IV á III antes de J. C.,
cuya forma esferoidal, y cuyos adornos geométricos y rudimentarios, recuerdan los de la cerámica oriental. Después aparecen los azulejos de
vivos colores para exornar interiormente las
construcciones, como en Asiria y Persia, de un
estilo fantástico que ofrece como elementos ornamentales monstruos, grifos, reptiles, etc., y
platos, vasos, etc., con follajes, ramos, pavos
reales y otros asuntos esmaltados de hermoso
azul turquí. Por último, apareció la porcelana,
que, como la de China y del Japón, se distin-
gue por la brillantez de los colores. Hay dos
clases de productos, á saber: porcelanas azules
y porcelanas polícromas, que tienen bastantes
puntos de semejanza con las porcelanas chinas.
Su ornamentación consiste principalmente en
flores, hechas con gran minuciosidad y contor-

neadas con oro en los vasos polícromos. Hay unas porcelanas de gusto chino que imitan el esmalte, estimadas de fecha antigua, y hay otras de estilo indo-musulmán. Es difícil diferenciar los productos indios de los productos persas; lo distintivo de los indios es la minuciosa ejecución de sus pinturas.

5.° *Cerámica española.* — Ya quedan mencionados los vasos prehistóricos españoles, hallados en cuevas y dólmenes, especialmente en el Mediodía de la península, y cuyo mayor contingente se debe quizá á las provincias de Granada y de Murcia. El Museo Arqueológico Nacional y la Academia de Zaragoza poseen algunos vasos, ya hechos á torno, cocidos, y adornados con líneas, formando picos pintados de rojo, que pudieran ser celtibéricos, y el Museo de Tarragona atesora preciosos restos de cerámica etrusca importada ó fabricada por los tirrenos. En la epoca romana se fabricaron, además de los *barros saguntinos* de que hablamos en otro lugar, hermosas ánforas, pateras, copas y vasitos pequeños, sencillos y elegantes, de los cuales se han encontrado muchos en Palencia; figuritas de barro, como bustos funerarios, cuyos mejores ejemplares proceden de Córdoba y de Sevilla, y ladrillos de construcción, muchos de ellos empleados para formar sepulturas, entre los que abundan los que llevan la marca *Legio VII gemina*. De la Edad Media sólo se conservan los barros lisos ó vidriados producidos por los árabes, quizá porque, perdida la industria cerámica en la península, los árabes surtirían de esos productos á los reinos cristianos. Conviene advertir que la denominación *hispano-morisca* dada por el barón Davillier á la cerámica española debida á la cultura mahometana, puede admitirse más por su conveniencia que por su propiedad. No faltan arqueólogos que señalen piezas de loza con reflejo metálico como positivamente árabes, y que encuentren piezas vidriadas entre los productos más antiguos. Pero las piezas que más abundan no son positivamente árabes: las que llevan ornamentación de reflejo dorado y azul, tales como platos decorados con leones y otros motivos heráldicos, deben apellidarse *mudéjares*, y las que llevan ornamentación tosca trazada con pintura roja de reflejo cobrizo, producidos ya en la época del Renacimiento y en las posteriores, si bien con ornatos de gusto tradicional arábigo, deben denominarse *moriscas.* Las *mudéjares* corresponden á los siglos XIV y XV.

La característica de la cerámica hispano-musulmana es el empleo del esmalte de reflejo metálico, que da á sus productos originalidad y algo de fantasía; pero esto sin contar los *barros mudéjares*, adornados con labores y figuras rehundidas, lo cual, aunque no es nuevo en la Cerámica, es original. En el siglo XVI el arte cristiano produjo placas escultóricas para la exornación arquitectónica, vidriadas de colores, verdaderas mayólicas, de las cuales en Sevilla existen preciosos ejemplares, siendo los de más interés los modelados por Pedro Millán para la portada de la iglesia de Santa Paula; también se hicieron retablos á la manera de *Lucca della Robbia.* Los estilos imperantes en Europa desde el siglo XVI en adelante se acomodaron al decorado de la Cerámica, y, por consiguiente, á la española. Los productos de Talavera son de gusto italiano, de fondo blanco con figuras y adornos unas veces azules á claro-oscuro, y otras veces polícromos de verde, amarillo, pardo y azul. Se conservan productos catalanes ornamentados de un modo semejante, muy curiosos, y de Toledo deben ser los azulejos de gusto platcresco, con esmaltes de reflejo metálico, á la manera mudéjar, con el escudo imperial de Carlos V, allí encontrados. Las fábricas de Triana y Talavera produjeron piezas con adornos polícromos que, como las talaveranas y catalanas, no tienen otros caracteres distintivos más que la sencillez casi infantil de los motivos ornamentales, la poca finura en la ejecución y la libertad ó fantasía con que están tratados los detalles. En conjunto, la cerámica española á que nos referimos, correspondiente al período de la casa de Austria, es graciosa y elegante. En el período de la casa de Borbón la influencia italiana y francesa se manifestó en los productos de la fábrica de *La China* en el Retiro, y luego de la Moncloa, á los cuales no les prestó carácter propio el gusto nacional.

6.º *Cerámica extranjera.* — La cerámica de la Edad Antigua no tuvo en los siglos medios solución de continuidad. Perdióse aquella industria tan pujante en Grecia y tan extendida por el mundo romano. Es menester venir á los últimos tiempos de la Edad Media para encontrar una industria cerámica artística en Occidente: los azulejos de revestimiento, por lo común con motivos heráldicos, pintados con color azul. En la arquitectura bizantina, por virtud de una tradición oriental, se empleaban platos ó placas como ornatos de incrustación. Este hecho significa que la importancia de la Cerámica en los siglos medios está en Oriente. Los musulmanes le dan un carácter nuevo, como hemos visto respecto de España, donde se ofrece la página más interesante del arte cerámico en estos tiempos. De España llevaron los árabes á Sicilia tan preciosa industria. Por otra parte en Lindos, ciudad de la isla de Rodas, hubo en el siglo xv una manufactura de platos adornados con flores, ramajes y algunas veces figuras, pintadas de vivos colores, y de un estilo que revela claramente una influencia persa. Fueron las lozas persas ó las árabes de Mallorca las que sirvieron de modelo á los ceramistas italianos, y sirve de apoyo favorable á la última de las suposiciones indicadas la creencia de los lexicógrafos italianos de que la voz *mayólica* se deriva de *Majorica* (Mallorca); lo cierto es que el género de loza llamada *mayólica*, con baño nacarado, es la primera manufactura que inicia el Renacimiento en la Cerámica. Las particularidades referentes á ella, y á los *della Robbia*, sus hábiles artistas, debe buscarlas el lector en la voz MAYÓLICA. Baste consignar aquí que estos artistas imprimieron una nueva fisonomía al arte del barro, pues ejecutaron relieves bañados de blanco solamente ó de colores, cuyo valor estético es causa de que tales obras se incluyan entre las de la gran escultura. Las producciones italianas del siglo XVI tienen, por el contrario, un carácter pictórico, pues en todo el campo de los platos se pintaban composiciones, tratadas á modo de cuadros con su fondo en perspectiva, por lo general de paisaje, cuyos asuntos eran generalmente religiosos ó históricos, y aun mitológicos. También hay bustos, retratos y grutescos, todo ello ejecutado conforme al gusto de las escuelas pictóricas del Renacimiento italiano. Tales son los caracteres de las célebres lozas de Urbino, Pésaro, Gubbio, etc., donde suelen verse las firmas de los pintores ceramistas, con lo cual adquiría la Cerámica una importancia artística semejante á la que tuvo en Grecia. En el mismo siglo XVI el arte cerámico dió un nuevo paso, volviendo á hacerse escultórico. Esta invención se debe al célebre artista francés Bernardo de Palissy, cuyos productos, consistentes por lo general en platos con frutos, animales, generalmente reptiles, y adornos diversos de relieves con vivo esmalte, vino á eclipsar á los productos italianos. Introducida la porcelana en Europa, mantúvose su fabricación como un secreto, para cuyo descubrimiento se hicieron numerosas tentativas, hasta que ya mediado el siglo XVII empezaron á generalizarse las manufacturas de porcelana. Los estilos barrocos produjeron en loza, y especialmente en porcelana, vajillas en que predomina la ornamentación pintada, y numerosas piezas escultóricas de adorno. Las figuras y grupos de asuntos pastoriles y cortesanos estaban en boga. La característica de la cerámica moderna es, en el modelado, la gracia, la fantasía; y en el color, el predominio de tintas claras y brillantes, entre las que campea la blanca. Las figuras están pintadas, carnes y trajes, de sus colores propios, y los trajes suelen ir rameados de abigarrados colores. La restauración neo-clásica produjo un nuevo género de cerámica artística: el camafeo, imitado con porcelana opaca de dos colores, cuyo prototipo son las placas ó cuadros de relieve y los vasos imitando el antiguo; las figuras son blancas y el fondo azul, violado, rosa ó café. Además, la plástica produjo figuritas y grupos de bizcocho (V. Bizcocho), también imitadas, y aun á veces copiadas del antiguo. En los jarrones y vajillas empleáronse vivos colores, entre los que sobresale el *azul de Sèvres* y el oro. Volvieron á trazarse composiciones á modo de cuadros, con fondos de paisaje y retratos, hechos en el mismo género que las miniaturas. Por último, la cerámica contemporánea imita todos los géneros y todos los estilos.

Esta es, á grandes rasgos, la historia de la Cerámica. Nada hemos dicho de los vasos kabilas

ni de otras producciones musulmanas, porque para nuestros fines basta con lo dicho respecto de la cerámica hispano-mahometana. En cuanto á la cerámica americana, el lector hallará cuantas noticias desee en los artículos AMÉRICA y BÚCARO.

II   Esta reseña comprende: 1.º Estudio de las primeras materias empleadas en las artes cerámicas. 2.º Preparación de las pastas. 3.º Laboreo de las mismas. 4.º Desecación, barnizado y cochura de los objetos modelados. 5.º Reseña y clasificación de los productos cerámicos. 6.º Adorno y decoración.

1.º *Materias primeras.*—Las primeras materias empleadas en Cerámica son de dos clases, llamadas *plásticas* y *antiplásticas.* Las primeras son las arcillas en general, ya solas, ya mezcladas con otras sustancias (V. ARCILLAS). Estas materias varían mucho en su composición y condiciones, pero todas poseen una propiedad general, que es formar con el agua una pasta que conserva la plasticidad suficiente para poder moldearse. Estas materias plásticas se clasifican de la manera siguiente:1.º *margas arcillosas* poco plásticas; 2.º *arcillas margosas;* 3.º *margas calizas* de poca plasticidad;4.º *arcillas figulinas* poco coloreadas; 5.º *arcillas plásticas;* 6.º *caolines*, silicatos de alúmina casi puros, muy blancos y poco plásticos.

Las sustancias antiplásticas sirven, bien para disminuir la plasticidad de las arcillas cuando sea necesario, bien para evitar retracciones muy bruscas de la masa, y, por lo tanto, la formación bruscas de la masa, y, por lo tanto, la formación de grietas y hendiduras en las piezas fabricadas. Estas sustancias, llamadas antiplásticas ó desengrasantes, son: 1.º el cuarzo, el pedernal, la grava; 2.º los feldespatos y las pegmatitas; 3.º los cimentos, ó sean pastas arcillosas cocidas y molidas; 4.º la creta, yeso, baritina, fosfato de cal; 5.º el cagafierro y la carbonilla que caen en los ceniceros de los hornos de reverbero; 6.º el cok y grafito en polvo; 7.º el amianto ó asbesto; 8.º el aserrín de madera en ciertos casos y en algunas localidades. Estas sustancias, además de sus propiedades antiplásticas tienen algunas otras particulares; así, unas son fusibles por sí mismas, como los feldespatos; otras, solamente por su presencia, reblandecen la masa total y hacen transparente la pasta. Con todas estas materias plásticas y antiplásticas, empleadas con inteligencia, se fabrican todos los productos cerámicos, desde los objetos más bastos y ordinarios hasta las piezas más finas.

2.º *Preparación de las pastas.* — Las materias empleadas para formar las pastas cerámicas se tienen que someter á una preparación previa, que tiene por objeto hacer la pasta lo más homogénea posible. Las pastas formadas directamente con materias arcillosas, y que sólo han de servir para la confección de piezas muy bastas, se someten únicamente á un malaxado con agua, separándose después por un tamiz la grava, arenas y piedrecitas. Después se expone la materia al aire hasta que adquiera el grado de consistencia necesario.

Las materias plásticas que entran en la composición de las pastas más finas necesitan más cuidados. Así las margas arcillosas, las arcillas figulinas, el caolín, etc., se deslíen primero en bastante cantidad de agua y se lavan por decantación; después se secan y dividen bajo muelas giratorias de granito, sobre soleras ó alfanjes también de granito, á fin de evitar la presencia de partículas de hierro.

Las materias desengrasantes en general, y las destinadas á los esmaltes, se eligen cuidadosamente, se calcinan, se sumergen en agua fría al sacarlas de los hornos para que pierdan su tenacidad y se resquebrajen fácilmente, se trituran por medio de bocartes ó con muelas muy pesadas, y por último se porfirizan á fin de obtener la materia antiplástica en el mayor estado de división posible.

Cuando todos los materiales que han de entrar en la formación de las pastas están ya convenientemente preparados, se procede á efectuar las mezclas oportunas, ya en seco, ya formando papillas.

Esta operación suele efectuarse en una gran cuba ó tonel de mezclar, removiendo bien la masa con palos ó espetones, y á fuerza de brazo si se trabaja en pequeño, con agitadores mecánicos si se opera en grande. Se procede en seguida al *rezumado* de la pasta, esto es, á quitarle gran parte del agua que contiene para impedir que se vayan sedimentando por orden de su densidad los diferentes materiales que forman la mezcla. Este rezumado puede efectuarse de varios modos, á saber: 1.º por evaporación al aire libre; 2.º por evaporación en caliente; 3.º por evaporación ayudada de la acción de materias absorbentes; 4.º por filtración; y 5.º por compresión.

El primer procedimiento, llamado *ventilación*, es, por lo común, insuficiente, y además larguísimo; el segundo es demasiado costoso; para el tercero se necesitan cajas de yeso absorbente, de paredes muy gruesas, pero su uso es muy incómodo, y no se puede operar en grandes masas. Para la filtración se emplean superficies filtradoras, como son sacos de tela fuerte y tupida, ayudando la filtración por presión ejercida sobre la masa, por succión ó por los dos medios á un tiempo. Para el rezumado por compresión la materia se pone en sacos y se somete á la acción de prensas hidráulicas.

Rezumada la pasta se procede á amasarla, á fin de que adquiera mayor grado de homogeneidad. Esta operación se efectúa, bien con los pies, bien con las manos, ya con paletas, ó ya, en fin, por medio de toneles apropiados.

Por último, se mejora extraordinariamente la calidad de las pastas conservándolas durante mucho tiempo (meses y aun años enteros) en grandes masas en sitios húmedos, y á una temperatura de unos 20 grados. Las pastas experimentan entonces una especie de fermentación que en el lenguaje técnico se denomina *putre-*

facción de las pastas, en la cual adquieren más plasticidad y homogeneidad, y la facultad de contraerse después menos y con más regularidad que las pastas recientes. Experimentan además alteraciones en el color, pues pierden hierro y resultan más blancas después del laboreo y la cochura. La eliminación del hierro se explica de la manera siguiente: el sulfato de cal que lleva el agua empleada en todas las operaciones indicadas en presencia de las materias orgánicas, contenidas en las pastas, ó acumuladas durante el amasado, se transforma en sulfuro de calcio, y éste, en presencia del óxido de hierro de las tierras, forma sulfuro de hierro primero, y sulfato de hierro soluble después. Es natural, por lo tanto, que el sulfato ferroso soluble pase á las aguas de los lavados de las pastas y éstas queden más puras.

3.º *Laboreo de las pastas.* — El dar forma á la pasta se hace de varios modos: á *mano*, á *torno* ó *rueda*, con *moldes*, sin prensa ó con prensa, y al *vaciado*.

El trabajo *á mano* es, naturalmente, el más primitivo, pero aún hoy se emplea para la fabricación de ciertos objetos bastos, como crisoles, hornillos, etc, ó para adornos y trabajos artísticos de mucho valor, como figuras, bajos relieves, objetos de capricho, etc.

En el primer caso, el obrero que moldea á mano se auxilia solamente de una plantilla ó compás para obtener la mayor regularidad posible en el trabajo; en el segundo se emplean unos palitos de madera, cortados de una manera especial, con los cuales se afina la obra, que es realmente un trabajo de escultura.

También se fabrican á mano muchas piezas grandes que por su mismo tamaño no pueden tornearse, como son los tinajones para vino y aceite, detalles de algunas construcciones, etc.

El *bosquejo* de las piezas se hace generalmente sobre un *torno de eje vertical*, vulgarmente llamado *rueda de alfarero;* este eje tiene en su parte inferior una rueda maciza que sirve de volante, y que el operario pone en movimiento con el pie.

Cuando el operario tiene que hacer piezas grandes, pone en movimiento el torno otro operario por medio de un segundo manubrio.

Cuando hay que mover muchos tornos á la vez, se emplea como motor común una rueda hidráulica ó una máquina de vapor.

Para bosquejar al torno una pasta, el operario toma una porción de ésta, húmeda aún y proporcionada á la pieza que quiere hacer, la pone sobre la cabeza del torno, moja sus manos en una gachuela clara de la misma pasta, pone el torno en movimiento, y poco á poco hace tomar á la pasta la forma apetecida, sirviéndose con frecuencia de una esponja, destinada á extender la superficie moldeada con los dedos. En caso preciso se aumenta la altura de la pieza bosquejada añadiendo sucesivamente pelladas de pasta en su parte superior.

La principal dificultad del bosquejo á torno consiste en mojar y comprimir la pasta con mucha igualdad á medida que se levanta la pieza, pues si no ésta se desfigura más ó menos, y aun se agrieta durante la cochura.

En Talavera de la Reina se llama *abuquena* al torno sobre que se coloca el barro que se trabaja exteriormente con las manos, é interiormente extendiendo la masa sobre un alma ó pieza llamada *casco*, de la forma apetecida. Para perfeccionar los bordes de la pieza se pasa un cordobán empapado en agua, llamado *alpañata*. Un instrumento de hierro cortante, denominado *alaria*, sirve para labrar el eje que algunas piezas tienen en el asiento. Ciertas obras se trabajan interiormente con la mano y exteriormente con un pedazo de caña hendida, llamado *mediacaña*. Hay otras piezas que por sus dimensiones no pueden bosquejarse sobre el torno, y se forman por medio de pelladas de pasta que se van agregando sucesivamente.

El laboreo con moldes puede ser, según se ha dicho antes, sin prensado y con prensado. Los modelos para el moldeado se hacen de yeso amasado fuertemente é impregnado de aceite secante para endurecerlos, de latón, de estaño ó de bronce. Sobre estos modelos tipos se hacen matrices de yeso, de las que se sacan á su vez nuevos moldes que se destinan á la fabricación. Estos moldes se hacen de tierra cocida, debiendo notarse que en cada moldeamiento en yeso el aumento de las dimensiones lineales es de 0,01, mientras que, por el contrario, hay contracción en el de tierra cocida.

Según el objeto que se quiere moldear, así se hace esta operación de varios modos distintos: uno de ellos consiste en preparar con la mano pelladas de pasta que se imprimen en las cavidades de las conchas del molde, sirviéndose de una tela ó de una esponja; cuando la pieza ha de ser maciza se pone un exceso de pasta y después se aplican las dos conchas una contra otra, apretándolas con fuerza, y el exceso de pasta sale por una canalilla hecha con este fin; si la pieza ha de ser hueca se amolda la pasta con el espesor conveniente, y luego, antes de ajustar las conchas, se untan los bordes con unas gachas claras de tierra, para que no haya rebabas demasiado fuertes y aumentar la adherencia de la pasta en las junturas. Cuando la pasta es muy corta se le da correa, añadiéndole una pequeña cantidad de goma arábiga ó de engrudo de almidón. Otro medio consiste en hacer primero sobre el torno un bosquejo de la pieza que ha de fabricarse, colocándole después, todavía blando, en un molde hueco de yeso, contra cuyas paredes se aplica exactamente por medio de una esponja. Este procedimiento, que conviene particularmente para las pastas delicadas, y sobre todo para las de porcelana, no puede aplicarse sino á ciertas formas. Cualquiera que sea el género de moldeado que se emplee, es preciso cambiar de moldes en cuanto éstos están empapados de humedad, porque entonces no pueden absorber ya la de la pasta que se adhiere al molde y no puede luego despegarse fácilmente, por lo que es preciso dejarlos secar antes de volverse á servir de ellos. El desenmoldado no se efectúa sino cuando la pasta ha adquirido bastante solidez, para que no se desfigure por su propio peso. El moldeado con prensa no parece tener buen éxito sino con objetos de pequeñas dimensiones; el molde propiamente dicho es de yeso ó tierra cocida, con aros de hierro, y de una ó muchas piezas, según las exigencias del desenmoldado; el núcleo montado sobre el tornillo de la prensa es de metal; el fondo del molde está formado por una cápsula movible á voluntad, ordinariamente por el movimiento mismo de la prensa, y que sirve para sacar la pieza del molde. Para impedir la adherencia de la pasta á las superficies metálicas se untan éstas con esencia de trementina. El gran inconveniente de este procedimiento es que la masa adquiere una densidad desigual, de que resultan entorpecimientos, tanto mas sensibles cuanto más elevada es la temperatura á que se cuecen los objetos. Las piezas de los sólidos de revolución, que se hacen en gran número, con las mismas dimensiones y espesor, después de haberse bosquejado se someten al *calibrado*, que consiste en bajar sobre la pieza un calibre que presenta en su borde interno el perfil exacto, recortado en una hoja de acero, de la forma de la pieza, de modo que á la vez se le dan el espesor y los contornos que debe tener.

Para que el calibre pueda tener una forma invariable, se sujeta con una charnela por uno de sus extremos, mientras que el otro se apoya sobre un soporte conveniente.

El procedimiento de moldear por medio del vaciado se aplica sólo á las pastas poco plásticas, y sirve para amoldar placas y objetos huecos de un espesor uniforme, como tubos, retortas, etc., empleándose especialmente en las fábricas de porcelana. La pasta nueva se mezcla con la mitad de su peso de virutas de pasta procedentes del torneado de las piezas, y diluídas después en agua á fin de que se forme una gachuela no muy espesa, que se pasa por un tamiz de alambre de latón, y se agita suavemente por mucho tiempo, hasta que adquiere la homogeneidad apetecida.

El *vaciado* de las placas de porcelana se hace sobre placas de hierro humedecidas, rodeadas de una guarnición ó planchas; así que á consecuencia de la absorción del molde ha adquirido la pasta bastante consistencia, se quitan las planchas de la guarnición y se corta sobre las orillas una faja de cinco centímetros, cuando menos, para las placas grandes, á fin de facilitar la contracción; se vuelve la placa de pasta sobre otra placa de yeso muy seca, y al cabo de diez ó quince días, según el estado de desecación, se vuelve sobre una placa de tierra cocida y se lleva al horno de avivar, donde se colocan con una inclinación de 45°. Cuando las placas tienen dimensiones considerables, su fabricación es muy delicada y presenta muchas dificultades. El *vaciado* de los tubos se hace en moldes formados de dos cascos, que se reunen y disponen verticalmente; se tapa la parte inferior con un tapón de piel un poco cónico, y por medio de una cubeta con llave, llena de gachas de pasta, se llena el molde; éste se baja un poco y se vuelve á poner al mismo nivel que antes por adiciones sucesivas de materia, hasta que ya no se deprima sensiblemente; se quita entonces el tapón, las gachas no adherentes se salen, quedando una capa muy delgada de ellas adheridas al molde. Cuando esta capa está un poco firme, se le sobrepone otra, teniendo cuidado de volver el molde, y así sucesivamente hasta que el tubo tenga el suficiente espesor; se corta entonces la parte exterior al molde para facilitar la contracción, y después de algunas horas la pasta tiene ya bastante consistencia para que se pueda sacar el molde; las rebabas de la juntura de los dos cascos se quitan en seguida. Cuando hay que hacer piezas huecas ó de una altura considerable, se vacían en sifón de abajo á arriba, ó por la simple presión debida á la diferencia de nivel, ó impeliendo las gachas por medio de un pistón. El vaciado de *retortas* y otras piezas con curvatura se hace de otro modo; el molde es de dos cascos, y cada uno de ellos tiene un falso casco de metal ú otra materia no absorbente, y se vacían por separado las gachas de cada casco; cuando la capa de pasta depositada es bastante gruesa se quitan los falsos cascos y se reunen los otros, quebrando el pequeño reborde de pasta que sobresale y cimentando así perfectamente las junturas; se termina, finalmente, pasando por la pieza un poco de gachas que se vacían en seguida por la abertura.

Las piezas bosquejadas según dichos procedimientos se terminan por el *esturgado*, que comprende una serie de operaciones variables, según la naturaleza de dichas piezas. Las bosquejadas sobre el torno de eje vertical se esturgan y pulen sobre un torno de eje horizontal ó vertical, por medio de herramientas de acero; así se hacen los filetes, muescas y demás. Hay ciertos adornos que, á consecuencia de las necesidades del moldeado, deben sufrir un verdadero esculpido, análogo al de los bronces vaciados. El *reparado* ó *reformado* consiste en quitar las suturas de los moldes; el *calado* tiene por objeto abrir los agujeros que en ciertas piezas, como las canastillas, no se puede hacer con moldes. Ciertos adornos se hacen por medio del torno de labrar, y otros se imprimen con moldecillos ó se estampan con sellos.

Así, no se obtiene más que el cuerpo de los objetos; las guarniciones, como piqueras, pies, asas y demás, se hacen aparte con moldes ó con una hilera, de un modo análogo á los fideos, cuando su sección es uniforme. Cuando el cuerpo del objeto y las guarniciones están igualmente húmedos, se reunen fácilmente con las gachas; pero cuando están secos, es preciso engomar las gachas y bañar igualmente con agua gomosa las superficies de aplicación.

4.º *Desecación, barnizado y cochura.* —Terminada la formación de las piezas cerámicas, se desecan con cuidado para que pierdan toda su agua de imbibición. Para esto unas veces basta exponerlas al aire libre y al sol, como se hace con los ladrillos, tejas, etc.; otras veces se colocan en estantes dispuestos en habitaciones calentadas por estufas, empleando el sistema Hand, según el cual se utiliza el calor perdido en los hornos de cocción.

Después de la desecación se procede de distinto modo, según que las piezas hayan de ser barnizadas ó no. Las que no han de barnizarse se someten desde luego á la cochura en hornos apropiados; las que han de ser vidriadas ó barnizadas sufren por lo general dos cochuras, una preliminar, al final de la cual se procede al barnizado, y otra después, que es la cocción definitiva.

El *barnizado* ó *vidriado* se puede aplicar de diferentes modos, á saber: por inmersión, irrigación y volatilización. El primero, ó sea el de *inmersión*, se efectúa pasando la pieza, á la cual se haya hecho experimentar un principio de cochura, por un baño, en el cual se tiene en suspensión en el agua, y reducida á polvo fino, la materia que va á formar el barniz ó vidriado. Al pasar la pieza por este baño absorbe el agua, y ésta, al penetrar por los poros, deposita en la superficie del objeto las partículas del baño que tenía en suspensión. Cuando alguna parte de la pieza haya de quedar mate, ó sea sin barniz, se baña previamente con una materia grasienta, como manteca ó sebo derretido.

El segundo procedimiento, ó sea el de *irrigación*, se aplica á los objetos que han experimentado una cochura completa. El baño del barniz se hace entonces muy espeso, y con él se baña por dentro la pieza que se ha de barnizar, vertiendo después la materia excedente, procedimiento que se aplica con especialidad á las porcelanas blandas y á los gres.

El método por *volatilización* consiste en llenar el espacio interior del horno de un vapor salino ó metálico que, obrando sobre las piezas sometidas á una temperatura elevada, vitrifica su superficie. Para esto, en el momento en que las piezas están casi cocidas y el horno incandescente, se detiene el fuego, se cierran las salidas y se echa en el horno sal común que, al volatilizarse, forma sobre la superficie de los objetos un baño muy delgado, pero muy sólido, de silicatos fusibles de alúmina, sosa, etc., que forman el vidriado.

Por último, las lozas más ordinarias y que no sometiéndose más que á una sola cochura se quieren, sin embargo, vidriar, se espolvorean sencillamente con galena pulverizada, encerrada dentro de una muñequilla ó cisquero. Este procedimiento se denomina *por aspersión*, y del empleo que en él se hace de la galena ó sulfuro de plomo para formar el vidriado ha recibido esta sustancia el nombre de *alcohor de alfarero*, y después, por corrupción, *alcohol*.

Resulta, pues, que se someten á una sola cochura á temperatura no muy elevada las lozas comunes de pasta colorada que se cubren de vidriado plomizo transparente, que también se cuecen una sola vez las vasijas de gres, y en algunas ocasiones las porcelanas duras. En todos los demás casos la cochura comprende los dos períodos de que se ha hecho referencia.

Los hornos empleados para la cochura son de formas y disposiciones muy diversas, según los objetos que hayan de cocerse.

Las lozas bastas y las comunes se cuecen generalmente en hornos que tienen la forma de un semicírculo tendido ó de un paralelepípedo abovedado en su parte superior, en la cual lleva diversas aberturas que hacen el oficio de chimeneas; el hogar es inferior y separado del laboratorio por una bóveda llena de agujeros, por los cuales pasa la llama al interior del horno. Los hornos para cocer la porcelana suelen tener un segundo cuerpo colocado encima del primero; en dicho segundo cuerpo se efectúa la cocción preliminar, semicocción ó avivado, que precede á la aplicación del barniz. Se han construído, finalmente, hornos con fogones de llama invertida, y de muchos pisos, con fogones en dos de ellos por lo menos, hornos con los cuales se obtiene una economía muy notable de combustible.

Algunos vidriados comunes pueden **cocerse juntos en los** hornos, y sirviéndose **unos á otros** de sostén, cuando son de bizcocho, esto es, cuando no están cubiertos de un barniz; pero si no, es indispensable separarlos por medio de soportes, ó colocándolos en estuches que los envuelven completamente. Estos soportes, llamados *galletas*, cuando no son más que placas, y *cobijas* en los demás casos, son de pasta grosera para que puedan resistir mejor los cambios bruscos de temperatura, debiendo ser menos reblandecible, y, por consiguiente, más refractaria que los vidriados que se han de colocar en ellos; se concibe, pues, que para ciertas pastas que se cuecen á una temperatura muy alta, como las de greda y las porcelanas, los soportes y estuches no pueden fabricarse sino con arcillas sumamente refractarias y bien lavadas, á las que se añade *cimento* ó pedazos de cobijas antiguas, cocidas y pulverizadas groseramente.

El *encastillado* ó *encajetado*, que es la acción de colocar las piezas que se han de cocer sobre los artiles ó en las cobijas, varía según que la pasta es ó no reblandecible al fuego.

Cuando la temperatura de cocción es insuficiente para que las vasijas se reblandezcan al fuego, y cuando no tienen ningún barniz, unas veces se apilan sobre el solar del horno, cuando las piezas tienen bastante grueso, para que las que están en la base puedan sostener sin desfigurarse á las que están encima, y otras veces se usa el encastillado de *capilla*, dividiendo la altura del horno por muchos suelos, formados de placas de tierra cocida, sostenidas por pilares de placas de tierra cocida, sostenidas por pilares de la misma naturaleza, y sobre las cuales se amontonan las piezas que han de cocerse; otras veces en fin, se ponen en *cobijas*, que no tienen otro objeto que el de preservarlas de la acción muy inmediata de la llama, del humo y de las cenizas que pudieran alterar ó teñir su superficie; por uno de estos métodos se encastillan los objetos no barnizados, como son las lozas bastas, el bizcocho de la loza y la semicocción de la porcelana. Pero si estos objetos están cubiertos de un barniz vitrificable, se disponen de modo que no puedan tocarse y que tengan el menor número posible de puntos en contacto con sus soportes, los cuales presentan aristas muy agudas, y sobre ellos se colocan las piezas de tal modo que se encuentren sostenidas por tres puntos; estos soportes se llaman *artifles*. El encastillado de los vidriados de pasta reblandecible á la temperatura á que se opera la cocción es cosa mucho más delicada. Es indispensable sostener las piezas por una superficie, ó por puntos elegidos de tal suerte ó en tal número que no den lugar á que aquéllas se desfiguren por el reblandecimiento, de lo cual resultan enormes dificultades para la cochura de ciertas piezas, y esta consideración influye mucho en la elección de formas de esta clase de loza. Las dificultades del encastillado se hacen aún mucho mayores cuando las piezas están cubiertas de un barniz que se cuece al mismo fuego, y para evitarlas, al menos en parte, es por lo que se hace la porce-

lana blanda, cuyo barniz se cuece á una temperatura más baja que la que exige el bizcocho, y
en otro fuego.

Concluído el encastillado se procede á enhor-
nar, lo cual se hace *cargando* cuando no se hace
más que amontonar las piezas unas sobre otras
(ladrillos, tejas, vidriados comunes); en *escape*
ó en *capilla* cuando se emplea la segunda especie de encastillado, y que se conoce con los mismos nombres (lozas comunes); en *cobijas* cuando
las piezas están colocadas en estuches que se
ponen en pilas verticales dentro del horno (loza
fina, porcelana); pero de cualquier modo que
se enhorne, es preciso que la llama pueda circu-
lar con igualdad y libremente entre todas las
piezas. Como á pesar de todos los cuidados ciertas partes del horno se calientan más que otras,
se colocan en aquéllas las vasijas chatas que exi-
gen más fuego que las huecas y las que vuelven
al fuego por cualquier motivo.

Solamente para la cochura de la porcelana se
emplea generalmente leña seca al aire; sin embargo, en Bohemia suele emplearse el lignito y
en Sajonia la hulla.

Las mirillas que se practican en las paredes
de los hornos sirven para reconocer si los fogones marchan bien y con igualdad; además, el
calor del horno, que basta á menudo al alfarero
ejercitado para reconocer si la temperatura del
horno es bastante elevada, se aprecia, ó bien por
medio de *muestras* ó *catas*, que son unas piezas
pequeñas de vidriado de la misma pasta que la

del horno, y que antes de encender el fuego se han puesto en sitios de donde se pueden sacar con facilidad, ó por el pulimento que toma una cubierta puesta sobre dicha pasta, ó por el matiz que ciertos barnices de color toman á diferentes temperaturas. El primer procedimiento manifiesta, además de la temperatura del horno, el estado de cochura de la hornada. Empléanse también, para reconocer la temperatura de los hornos, unos instrumentos denominados *piróscopos* y *pirómetros* (V. PIROMETRÍA, PIRÓMETROS); pero, desgraciadamente, hasta ahora todos los procedimientos descritos no dan indicaciones muy precisas.

La cochura comprende siempre dos tiempos: en el primero se da poco fuego, con el objeto de expulsar toda la humedad contenida en las pastas, y que no se pierde sino á una temperatura bastante superior á 100°. Cuando esta primera parte de la cocción ha terminado y el horno se encuentra á la temperatura correspondiente entre el rojo sombra y el rojo cereza, se pasa al segundo período, aumentando rápidamente el fuego, con lo que el humo existente durante todo el primer período desaparece y la temperatura se eleva en muy poco tiempo al grado que se desea.

5.º *Reseña y clasificación de los productos cerámicos.* — Indicadas brevemente las operaciones principales que comprende la industria alfarera, procede expresar ahora las diferentes especies de objetos que construye.

A   PIEZAS DE PASTA BLANDA. — Se comprenden en este grupo: 1.º *las tierras cocidas*, ó sean ladrillos, tejas, baldosas, atanores, anafes, escalfadores, ladrillos huecos, vidriados comunes, alcarrazas, tiestos y formas para el azúcar; 2.º *vidriados blandos lustrados*, en los que se comprenden los vasos griegos antiguos y las vasijas de Campania, llamadas impropiamente vasos etruscos; 3.º *vidriados blandos barnizados*, que son los que constituyen hoy día la loza basta; y 4.º *vidriados esmaltados*, á los que pertenece la loza común ó loza esmaltada.

B Loza de pasta dura y opaca. — En este grupo se incluyen: 1.º *piezas de loza fina ó loza inglesa*, que comprende á su vez la loza fina calcarífera, la loza fina de pedernal y la loza fina feldespática ó litocerámica; y 2.º *gres cerámicos ó vidriados de gres*, que comprenden á su vez dos especies, los finos ó de pedernal y los comunes.

C Vidriados de pasta translúcida. — En este grupo se incluyen: 1.º *la porcelana dura*, á la que corresponden los objetos fabricados en China desde tiempo inmemorial, y en Sajonia desde 1720, en Berlín desde 1751 y en Sèvres desde 1765; 2.º *porcelana blanda natural*, á la que corresponde la porcelana inglesa; y 3.º *la porcelana blanda artificial ó porcelana francesa*.

El trabajo de la mayor parte de los objetos cerámicos del primer grupo, ó sean los fabricados con pasta blanda, constituye lo que vulgarmente se llama en España *Alfarería*, rama de la Cerámica que constituye por sí sola un arte ú oficio especial.

Respecto á los detalles de fabricación de cada uno de los grupos de objetos que constituye los productos cerámicos, pueden verse en los artículos especiales correspondientes. V. FAYENZA, GRES, LADRILLO, LOZA, PORCELANA, TEJA, VIDRIADO, etc.

6.° *Decoración de los productos cerámicos.* — La aplicación de los colores á los objetos cerámicos es muy especial. No se hace, una vez fabricado por completo el objeto, depositando el color por medio de un pincel en su superficie, sino que aplicados dichos colores á las pastas, se funden y forman cuerpo con ellas. Se necesitan, por lo tanto, para la decoración cerámica materias especiales que por la acción del fuego no se destruyan, sino que adquieran el matiz que se desea y queden completamente inalterables. Estas sustancias son: los colores vitrificables, ciertos metales, los lustres metálicos y las hornazas ó materias térreas que se fijan con un fundente vítreo.

Colores vitrificables. — Estos se dividen, según la temperatura necesaria para su cocción, en tiernos, duros y de gran fuego. Los principales son: el óxido de antimonio y su combinación con el óxido de plomo, llamada vulgarmente *amarillo de Nápoles*; el óxido de cobalto, el protóxido de cobre, el óxido de cromo, el de estaño, el óxido férrico, el de iridio, el de manganeso, el de urano, el de zinc, el cloruro de plata, los cromatos de hierro, de barita y de plomo, y la púrpura de

Casius Estos óxidos y sales metálicas se vitrifican y adhieren por medio de fundentes especiales. En Sèvres se emplean los siete siguientes:
1.° *fundente rocalla*, que se prepara fundiendo
rápidamente en un crisol tres partes de minio y
una de arena de Etampes, vaciando la mezcla
sobre una plancha metálica; 2.° *fundente para
los grises*, que se prepara fundiendo una parte de
minio ó de litargirio, dos de arena de Etampes y
una de bórax fundido; 3.° *fundente de los car-
mines*, que se prepara fundiendo una parte de
minio ó litargirio, tres de arena y cinco de bórax;
4.° *fundente de púrpura*, que se hace con tres
partes de minio ó litargirio, una de arena y cinco de ácido bórico cristalizado; 5.° *fundente de
violetas*, que se obtiene con 27 partes de litargirio ó de minio, dos de arena y once de ácido bórico cristalizado; 6.° *fundente de verdes*, que se
prepara con 73 partes de minio ó de litargirio,
nueve de arena y 18 de ácido bórico cristalizado, y 7.° *fundente de las sustancias metálicas*,
constituído por el subnitrato de bismuto, obte-
nido fraccionando en el agua el nitrato neutro,
al que se haya añadido previamente un 9 por 100
de bórax.

Hé aquí ahora los principales colores blandos:
Amarillos. — Los amarillos se obtienen con
mezclas de fundente número 2, antimoniato de
potasa, una cantidad variable de óxidos de zinc
y de hierro, y algunas veces de óxido de estaño.
El amarillo anaranjado para fondos se hace con
tres partes de fundente número 1 ó número 2 y

una parte de óxido de urano, ó con tres partes de minio y una de cromato de plomo.

Azules. — Los azules se hacen comúnmente con una parte de carbonato de cobalto, dos de carbonato de zinc hidratado, y una proporción variable de fundente número 2.

Blancos. — Los blancos se obtienen con el esmalte blanco ordinario, cuya fusibilidad aumenta ó disminuye con la adición del fundente número 1 ó con arena de Etampes. Se vitrifican al fuego de mufla con una mezcla de partes iguales de fundente número 1 y fundente número 3 las partes que no han podido recibir cubierta al gran fuego.

Colores de oro. — El *carmín* se prepara moliendo la púrpura de Casius, todavía húmeda, con cerca del triple de su peso de fundente número 3, previamente molido con un poco de cloruro de plata y ligeramente fritado; la *púrpura* se obtiene disminuyendo la proporción del fundente; el *violeta* se prepara con el fundente número 1, ó, mejor, con el número 5, y púrpura pura sin cloruro de plata; también se hacen buenos violetas con una mezcla de nitro, óxido de manganeso y la suficiente cantidad de fundente.

Negros. — Los negros se preparan como los grises, pero con menos fundente. Se hace un hermoso negro con tres partes de fundente número 2 y una parte de óxido de iridio.

Pardos amarillentos. — Los diferentes matices

del pardo amarillento se obtienen con mezclas de fundente número 2, óxido de zinc y óxido de hierro amarillo.

Pardos y pardos rojizos. – Los pardos rojizos y pardos se preparan con una mezcla levemente fritada de óxidos de hierro, de cobalto ó de manganeso y de zinc, con fundente número 2.

Rojos. – Los rojos se obtienen todos con el óxido de hierro más ó menos calcinado y mezclado con cerca de tres partes de fundente número 2.

Verdes. – Los verdes se obtienen con mezclas de óxido de cromo, de cobalto, de zinc algunas veces, y el fundente número 3 ó 6. Sobre los vidriados de cubierta alcalina ó básica, se usan comúnmente verdes que deben su coloración al óxido de cobre.

Colores duros. – Los colores duros ó de medio fuego se preparan endureciendo los colores blandos correspondientes por la adición de cierta cantidad de uno ó más óxidos que encierran dichos colores; el carbonato de zinc puede emplearse casi siempre; el amarillo de Nápoles sirve para los amarillos, y el óxido de hierro se usa generalmente solo ó mezclado con carbonato de zinc para los rojos y pardos.

Colores de gran fuego. – Los colores de gran fuego, esto es, los que se cuecen á la misma temperatura que el barniz, son muy pocos, al menos para la porcelana. El *negro puro*, que se obtiene con una parte de óxido de urano desleído en veintidós de cubierta; el *negro ordinario*, con el óxido de manganeso ó el de iridio; el *negro azu-lado*, con una mezcla de óxido de cobalto y de manganeso; el *gris de humo* con el cloruro de platino. Los *azules* se obtienen con el óxido de cobalto puro, ó mezclado con óxido de zinc y albúmina. Los *verdes* se hacen con el óxido de cromo, puro ó mezclado con óxido de cobalto. El *amarillo* se produce con el óxido de titano. El *rosa* se obtiene desliendo en la cubierta una solución de oro en agua regia. El *pardo de concha* se hace con una mezcla de óxido de manganeso y tierra de sombra. El *pardo marino* con una mezcla de cromito de hierro y óxido de cromo, y el *hollín* con el óxido rojo de hierro. Todos estos colores, lo mismo que los de mufla duros no se emplean más que para fondos.

Colores vitrificables. — Se dividen: 1.º en *colores que se funden*, porque entran en su composicion óxidos que no se coloran sino en el estado de sales; tales son: los verdes de cobre, los violetas de manganeso, los azules de cobalto, los amarillos de antimonio, y los negros. 2.º *Colores que no se funden*, ó porque la fusión los alteraría ó porque ya tienen el tono que deben tener. Tales son los colores de gran fuego y los de mufla duros. asi como tambien los colores blandos formados por el oxido de hierro, y los colores de oro. 3.º *Colores que se fritan*, porque estando en el mismo caso que los precedentes tomarian, si se fundieran, un tinte muy intenso; tales son los grises y algunos pardos. No hay que decir que todos estos colores deben porfirizarse muy finamente.

que todos estos colores deben porfirizarse muy finamente.

Lustres metálicos. – El lustre *Burgos* se obtiene precipitando por un ácido débil una solución doble de sulfato de oro y de potasio, y moliendo el precipitado con un poco de fundente y esencia de espliego. Se extiende en capa muy delgada.

El lustre *cantárida* se obtiene con una mezcla de vidrio plomizo, un poco de oxido de bismuto y cloruro de plata, que se aplica con el pincel sobre las piezas; se cuecen en seguida al fuego de mufla, y se ahuman, o en la mufla misma, ó sacándolas todavía enrojecidas.

El lustre de *oro* se prepara precipitando por el amoníaco una disolución de oro en agua regia, diluyendo el precipitado todavía húmedo con esencia de trementina, sin añadirle fundente, aplicándolo por medio del pincel y cociéndolo al fuego de mufla.

El lustre de *platino* se obtiene con una disolución concentrada de cloruro de platino mezclada con un aceite esencial; se da con un pincel y se cuece al fuego de mufla.

En España se usa el lustre *plomizo*, análogo al de Burgos por su tinte, y que parece producido por el silicato de protóxido de cobre. Algunos ensayos de Brongniart hacen creer que se obtiene echando el oxido de cobre en los hornos en que se opera la cocción. Los lustres ofrecen una decoración económica y muy brillante, pero poco sólida.

Metales. — Los metales nativos que se emplean en la decoración de los vidriados son: el oro y el platino. La plata, que antes se empleaba, hoy día está en completo desuso, por lo pronto que se ennegrece y lo fácilmente que pierde su brillo. El oro y el platino se obtienen reducidos, es decir, precipitándolos de sus disoluciones salinas por medio de agentes reductores. El oro se obtiene, por lo general, precipitando la disolución del oro en agua regia por medio de otra disolución de sulfato ferroso. El platino se prepara calentando el protocloruro de dicho metal con alcohol y disolución concentrada de potasa. Obtenidos el oro y el platino de este modo, se trituran con esencia de trementina, y en esta disposición pueden aplicarse directamente sobre los vidriados de barniz plomizo; para los vidriados de cubierta térrea se les añade un 7 ó un 8 por 100 del fundente número 7.

Hornazas. — Tienen por objeto cubrir la pasta cerámica con una materia térrea y opaca que oculte el color y aspecto de la pasta. Suelen emplearse arcillas ocráceas naturales, ó bien mezclas de álcali, arena y óxidos metálicos colorantes fritados. Estas mezclas se aplican generalmente sobre las piezas crudas por irrigación ó por insuflación; se las somete á una cochura y después se cubren con un barniz transparente.

Aplicación de los colores. — Cualquiera que sea el color que se trate de aplicar, puede hacerse en la misma pasta, sobre la pasta y debajo del barniz, en el barniz y sobre el barniz. La aplicación del color debajo del baño o barniz, no se efectúa más que para la porcelana y los colores de gran fuego. La aplicación en el barniz se efectúa cuando éste es transparente, tal como los vitrio plomizos; la aplicación se efectúa casi siempre por inmersión. La aplicación de los colores sobre el barniz se hace ordinariamente á pincel, y para los fondos y colores lisos al *veso*, especie de cepillo; para ello se deslíen previamente los colores triturándolos con esencia de trementina ó con esencia de espliego. Si los colores son muy gruesos, se cubren las partes de la pieza que hayan de recibir el color con aceite de linaza ó de nueces, mezclados con un poco de litargirio, para hacerlos más secantes, y, por último, sobre la capa de aceite se espolvorea el color por medio de un tamiz, teniendo cuidado de que esté finamente pulverizado y bien seco. El oro y el platino se aplican generalmente antes de los colores de mufla y se cuecen á la temperatura de medio gran fuego ó un grado próximo. Se pueden dejar mates ó bruñidos, siendo esto último lo más frecuente, para lo cual se emplean sucesivamente bruñidores de ágata y de hematites roja.

También pueden aplicarse los colores por impresión, la cual se efectúa sobre el bizcocho ó sobre el barniz. En el primer caso no hay que hacer con la pasta preparación ninguna; en el segundo hay que preparar el barniz, bañándolo con agua aluminada débil ó con esencia de trementina mezclada con un 9 por 100 de barniz de copal. La impresión se puede efectuar de dos maneras: 1.ª Se entinta la plancha tipo, grabada previamente en talla dulce, con una mezcla de aceite de linaza ó de nuez cocidos y mezclados con un color vitrificable ó un polvo metálico; se tira esta lámina sobre papel húmedo y sin cola, y húmeda todavía se calca la prueba sobre el vidriado. 2.ª También puede entintarse la lámina en talla dulce con aceite cocido de nueces, mezclado con un poco de aguarrás; se saca una prueba sobre una hoja delgada de gelatina, la cual á su vez se aplica al vidriado, sobre el cual se espolvorean después los colores vitrificables ó los polvos metálicos. Si los colores se aplican sobre bizcocho, hay que volver la pasta al fuego para destruir las materias grasas antes de aplicar el barniz.